CRITIQUE LITTÉRAIRE

D'UN POÈTE FRANÇAIS

PAR UN ANGLAIS.

CRITIQUE LITTÉRAIRE

D'UN

POÈTE FRANÇAIS

PAR

UN ANGLAIS.

> Et penitus toto divisos orbe Britannos
>
> VIRGILE.

PARIS.

IMPRIMÉ PAR BÉTHUNE ET PLON, RUE DE VAUGIRARD, 36.

—

1842.

CRITIQUE LITTÉRAIRE

D'UN POÈTE FRANÇAIS

PAR UN ANGLAIS.

Un professeur émérite de littérature française écrivait naguère sur la décadence des lettres en Angleterre. Il accusait le mercantilisme et faisait des phrases fort belles assurément sur la désastreuse barbarie intellectuelle du pays de Shakspeare et de Byron. Voilà qui est bien. — Mais moi, pauvre bon gentilhomme du Northumberland, qui, quoique admirant mon pays et ses grands hommes, me suis épris de passion pour Molière, Corneille, Lamartine et Victor Hugo; j'aurai raison, raison sincère à répliquer à mon docteur : — Vous qui voyez une paille dans l'œil du voisin, que ne voyez-vous la poutre qui vous aveugle? — Ah! oui, la littérature anglaise est morte, *concedo;* mais la littérature française, probablement jalouse de ce trépas prématuré, s'en va déjà droit à la mort par la pente de l'indifférence. Ceci nous le constatons, nous le déplorons avec terreur, car nous assistons depuis long-temps à ce qu'on peut appeler dans la presse parisienne la conspiration du silence. Le journalisme est démoralisé parce qu'il est devenu marchand ; et déjà partout l'on entend dire : Il n'y a plus d'art, plus de critique littéraire, partant plus de littérature.

Or, bon public français, écoutez. Nous commençons comme Montaigne, en disant la main sur la conscience : « Ceci est une œuvre de bonne foi. » Disons mieux, un acte de moralité.

Le journalisme français pendant long-temps a fait une œuvre belle et nécessaire, il a régenté la littérature. Maintenant, quelles qu'en soient les causes, le journalisme s'est endormi, il est devenu roi fainéant. Donc besoin est qu'un maire du palais, n'importe lequel, arrache le sceptre à ceux qui n'en veulent plus faire usage. Ici point de récriminations, point d'accusations même. Vous voulez vous taire, messieurs, vous voulez rabaisser la littérature de votre pays, assassiner sa grandeur intellectuelle, à vous loisible; mais un carré de papier n'est pas difficile à trouver, que je sache, et l'œuvre qui vous répugne à présent, d'autres l'entreprendront. Les critiques *posés* dans le journal n'y veulent plus rien faire, soit! — Les critiques non *posés* feront des brochures; Paris en sera inondé, et le public jugera. — L'idée est neuve, messieurs, qu'en pensez-vous? Quant à moi qui accepte cette tâche, je la poursuivrai avec acharnement, parce que la littérature française est pour tous les peuples chose admirable et sacrée; puis je demanderai au public qui me lira la permission de lui raconter comment j'ai entrepris ce labeur de critique. Je lui demanderai aussi beaucoup d'indulgence pour ma qualité d'étranger. Mais quoi! les arts sont frères par tous pays, et partant ceux qui les cultivent.

Il y a tantôt trois ans de cela, je venais à Paris pour m'initier de plus en plus aux choses de la littérature et du théâtre. Je voulais voir jouer Célimène par Mars, Ruy-Blas par Lemaître. Je voulais fouler cette terre qui vit naître Molière, qui voit vieillir Châteaubriand. Savez-vous la première chose que je rencontrai dans la rue? ce fut un cercueil. — Un cercueil qui renfermait un pauvre jeune poète mort de misère à l'hôpital, Hégésippe Moreau. J'eus des doutes, de cruelles pensées, et j'ouvris le *Myositis*. Hélas! c'était bien d'un poète! ce livre avait le cachet français, grâce, esprit, charme naïf, douce poésie, émotion touchante ou légèreté moqueuse: il y avait là du Ronsard et du Marot.

C'était charmant. Je me mis à pleurer comme une bête, et je fus sur le point de reprendre le paquebot.

Plus tard je m'initiai aux choses de la presse, de la littérature française, et je plaignis ce beau pays. C'est donc alors qu'avec moi-même, fort de quelque science littéraire et d'une immense amour de l'art, je fis le pacte que voici : chaque fois qu'apparaîtra dans la tourmente littéraire un livre nouveau d'une valeur réellement artistique, moi étranger, moi homme isolé, j'en rendrai compte à Paris. Pour l'argent qu'il m'en pourra coûter j'aurai droit de dire aux journaux : Vous faites une mauvaise action; j'aurai droit de dire aux Parisiens : Voilà un poète, un poète réel qui vous arrive, ne le laissez pas traîner aux Gémonies. — Et qu'on y songe, ce que je fais ici pour un, je le ferai pour d'autres. Il ne paraîtra pas maintenant un livre de haute valeur dont je ne sois prêt à rendre compte. Dans une position inexpugnable d'indépendance et de loyauté, je me fais chevalier-servant de la littérature, de la jeune littérature. Il est impossible que les choses demeurent dans l'état où elles sont. Certes les bons critiques ne font pas défaut. Qui ne s'estimerait heureux d'être apprécié par Sainte-Beuve ou Th. Gauthier? Mais, pour des causes que nous ne voulons pas rechercher ici, tout le monde a déserté son poste. L'avenir est mis en interdit. Personne ne trouve asile que la médiocrité sans vigueur. Ceci est vrai, scrupuleusement vrai. Selon la moralité littéraire un journaliste ne devrait jamais se taire. Soyez impitoyables dans vos critiques, sobres dans vos louanges, le public sera juge et tout ira pour le mieux. Mais quant au silence morne, quant à l'implacable indifférence, c'est un abandon de la magistrature littéraire, c'est une conspiration, c'est une trahison.

Et savez-vous bien de tout ceci ce qu'il peut résulter? d'une intelligence chaude et loyale, vous vous exposez à faire un Aristophane impitoyable, exclusivement railleur : je dirai plus, un vendeur de calomnies. Ceci est grave, très-grave. Cette marche des choses importe à la grandeur d'une nation comme la France; et, malgré notre insuffisance personnelle en l'art d'écrire, nous espérons que le public fera bon accueil à notre poète et à notre critique, en faveur d'une intention morale, où pas un homme de goût et de sens ne saurait trouver à redire.

En ce temps d'émotion politique et littéraire, le public, il faut bien le dire, ne peut être confident de la timidité des débuts. L'œuvre d'un poète sérieux est de s'enfermer dans un grenier, d'y travailler dix ans s'il le faut et de paraître. C'est ainsi qu'a procédé sans doute l'auteur du livre dont nous avons à rendre compte, car nous pouvons affirmer d'avance qu'entre toutes les poésies de cette époque il a une manière originale et qui n'appartient qu'à lui. Commençons donc par placer tout d'un coup son livre dans les œuvres sérieuses qui ne se traînent sur les pas de personne, qui vivent d'une vie propre et réelle tant par la forme que par la pensée. En distinguant donc les genres de poésie actuelle, nous pourrions ainsi dire : Lamartine est le poète du sens intime et de l'harmonie; Victor Hugo, le poète de l'art, de l'imagination fantasque et bizarre; Béranger, le poète de la patrie; de Musset, le poète de la satire ou de la fantaisie(*). Pour nous, maintenant, le nouveau venu serait le poète des choses naturelles; ce serait un peintre. Sa manière est matérielle. La perception primitive a guidé son intelligence. Il procède à la façon des poètes de l'antiquité. A l'époque usée où nous vivons, ceci est nouveau peut-être et vaut bien qu'on s'y arrête un moment. Ceci posé, analysons le livre franchement, sans pitié dans la critique, mais aussi sans embarras dans la louange.

L'auteur s'appelle Arthur Ponroy, son livre est intitulé : *Formes et Couleurs*, ce qui rentre absolument dans l'idée de matérialité que nous avons émise. — Et tout d'abord nous tombons dans une préface dont une partie au moins soulèvera notre bile d'amateur de poésie. — Comment, monsieur, vous êtes poète, et vous ouvrez votre volume par un factum de philosophie et de politique! par un indigeste premier-Paris, bon tout au plus à figurer dans les colonnes d'un journal! Ceci est une mauvaise plaisanterie. Si les poètes se mettent à trancher du Pitt et Cobourg, on en fera des courtiers d'ambassade, et c'est pour ce coup que la poésie sera bien et dûment enterrée. Comme cela est beau d'entendre le rêveur des champs, le peintre

(*) Nous sommes fâchés que le cadre de cette brochure ne nous permette pas une appréciation plus complète des quatre beaux talents dont nous parlons, surtout en rapport avec celui qui vient.

des couleurs nous parler réforme électorale, religieuse, et constitution sociale! Poète naïf et débonnaire, laissez aller le monde : s'il a nombre de coquins pour le chamailler, il a quelques honnêtes gens pour le défendre. Dites-nous l'amour et la nature, cela nous rendra meilleurs, et servira plus directement aux hommes que vos tartines philosophiques qui ne feront pas un sage de plus, pas un communiste de moins. La question d'art est mieux traitée. L'auteur qui accepte la rénovation littéraire, et qui en cela nous semble parfaitement classique, s'y pose de grandes difficultés à résoudre : il voudrait rendre son langage poétique clair et concis, solide et gracieux. Comme problème à travailler, ceci est peut-être une folie. Pour quelqu'un qui examine de près la langue française, ses monosyllabes pâteux, ses verbes mal terminés, ses phrases traînantes, ses locutions obscures, ses misérables *e* muets qui reviennent à chaque instant, il y a lieu de plaindre un poète qui met Virgile au-dessus de tout, qui cherche avec une phrase anguleuse et limpide, avec une coupe en relief et brillamment métallique, l'harmonie des tons et des couleurs. Notre poète commence par proclamer la force du mot propre : et, dans la voie où il est, s'il parvient jamais à son but, nous le tenons pour un des plus étonnants artistes de cette époque.

Le livre est disposé en trois parties, dont la marche est toute naturelle. Peindre la nature, méditer les idées, observer les hommes. Nous pensons que le poëte devra surtout cultiver sa première manière. Il est certain que cet homme-là a quelque chose d'antique, de biblique, de primitif dans sa constitution poétique. Nous répugnons à le voir sonder des idées creuses, ou railler un tas de faquins. Quand il aura réfléchi davantage, qu'il aura reconnu le charlatanisme de la pensée, le néant de la raillerie, il reviendra, nous n'en doutons pas, à la poésie pure, à la nature, à la peinture. Nous avons, quant à nous, une prédilection toute particulière pour cette première partie. Il y a là un parfum de nature et de réalité qui vous charme tout d'abord. Écoutez comme il se ravit dans ses admirations du monde extérieur :

La perle de rosée où le soleil se mire,
L'aigle altier que d'en bas une fauvette admire,
La cavale au front blanc qui hennit dans les prés,
Le roitelet timide au fond d'un chèvrefeuille,
Les fleurs de l'amandier qui tombent feuille à feuille,
Les voiles de brume aux gazons diaprés.

Cela est doux, coloré, plein d'harmonie, et cependant solide. C'est là cette manière antique que vous admirez dans Homère, dans Virgile, dans la Genèse. Et, comme a dit Quintilien, la peinture est la perfection de la poésie. Mais, hélas! nous voyons trop que cette poésie du soleil est travaillée dans la brume de Paris; car bientôt nous allons voir l'homme blessé poindre sous les gracieuses peintures Quelque triste réflexion va soulever des tableaux pleins de joie et d'harmonie. Oh! dit-il :

> J'ai connu tout cela jadis, et quand j'y songe
> Je me saisis d'horreur à vivre de mensonge,
> A ne plus rien avoir que des livres glacés!

Pauvre oiseau des bois qui s'est mis en cage! Il est bien triste pour nos temps de voir que le poète y souffre, que l'instinct de la nature y vit mal à son aise.

Vient maintenant une pièce intitulée *les Moissonneurs*. Celle-ci est une des meilleures du recueil. Le tableau y est complet, sans digressions, sans coupures. Seulement en dessous on y sent une douce mélancolie qui va droit à l'âme. Le poète regrettait la moisson quand il a écrit *les Moissonneurs;* mais sa tristesse est pleine de chaleur et d'amour. Nous ne citerons rien de cette pièce, elle est tout entière à lire. Elle a cependant des taches qu'il serait facile d'enlever. Que l'auteur y songe, il peut faire de cette bluette quelque chose de radicalement beau.

Par la pièce intitulée *les Loups*, nous voyons que notre poète possède au plus haut degré l'instinct des couleurs. Là bas il était radieux de soleil et de feuillage, ici près il est couvert de brume, de neiges et de brouillards. Il y a dans ces vers quelque chose de dramatique et de terrible. Mais, hélas! elle finit aussi par une réflexion :

J'entendais par moments quelques chiens aboyer,
La bise qui pleurait sur les vieilles bruyères;
Et je sentais le calme affaisser mes paupières
A voir flamber mon feu joyeux et pétillant:
C'est alors que me vint un rêve souriant;
L'amour simple et naïf d'une vie ignorée,
L'accord de l'esprit vaste avec l'âme altérée,
Une femme, un enfant, tout ce que j'ai rêvé,
Tout ce bonheur, enfin, que je n'ai pas trouvé.

Qu'il soit dit ici, et une fois pour toutes, que le cadre de cette brochure ne nous permet point de relever les incorrections de logique grammaticale. Nous voulons seulement prouver que notre poète est un poète, puis aussi lui donner quelques avis salutaires dans la direction de son esprit, dans la tournure générale de ses créations.

En abordant *les Pêcheurs au feu*, notre critique doit cependant être des plus sévères. Ici l'impuissance du peintre a été réelle. La couleur est constamment remplacée par la fantaisie, par l'esprit et la plaisanterie. Le poète s'est trompé là. Que nous font, monsieur, vos réflexions plus ou moins satiriques, plus ou moins sensées? Il nous faut un tableau, nous ne l'avons pas : l'avortement a été complet. Citons cependant un bon vers pour caractériser le parvenu:

Morceau de bois pourri par la vague emporté.

A cela près, cette pièce est mauvaise, tout à fait mauvaise.

La petite badinerie intitulée *Silence* est une banalité. Cela n'a que de la rime.

L'Eau du Cher est un bien joli paysage :

> Puis parmi tout cela c'est un charme inconnu,
> Un transport singulier que ne peint pas l'idée,
> C'est l'odeur des gazons qui monte après l'ondée,
> Un rayon de soleil glissant sur les rameaux,
> Un petit pastoureau qui fait des chalumeaux,
> Le tic-tac du moulin, le vol de l'hirondelle,
> Le curé villageois qui bat son haridelle
> Et s'égosille après le pauvre batelier !

Puis nous trouvons dans *la Fête* une scène de campagne qui a toute la tournure d'un paysage de Teniers. Il y a des vers d'un naturel parfait, d'une simplicité si douce et en même temps si grotesque, qu'on ne peut réprimer un rire plein d'émotion. Nous appelons l'attention des amateurs sur ce joli petit tableau.

Le premier livre se termine par un morceau de longue haleine, où le poète s'harmonise complétement avec la nature. Il se suppose oiseau, fleur, vent, orage ; et il finit par s'écrier :

> Hélas! je ne suis rien qu'un pauvre solitaire !

Cette pièce est réellement belle, c'est de la grande poésie, de la poésie pure, de la poésie en essence ;

c'est là que l'intelligence de l'homme s'élève au Créateur, que tantôt plein de grâce et de force il plane au milieu des beautés ou des terreurs de la nature.

Pour nous, élève des philosophes de la vieille Angleterre, amant forcené de Virgile et de Thomson, c'est avec une répugnance réelle que nous quittons la première partie de ce nouveau volume pour entrer dans la seconde. Dieu merci, nous sommes au fait du charlatanisme des idées. Et notre cher poète qui veut trancher du penseur — selon la mode du jour — se fourvoie un peu plus que de raison. Vous avancez de fort bonnes choses, sans doute; mais j'ose vous affirmer que, dites en quatre mots de prose claire, nette et précise, elles en vaudraient cent fois mieux.

Prenez garde, mon poète, sur vingt volumes de poésies, il y en a dix-neuf auxquels on peut appliquer cette horrible parole : Ennuyeux! Et si vous menez vos vers patauger dans l'idée creuse, prenez garde qu'ils n'en sortent empêtrés, vaseux, uniformes de couleurs.

Cependant, à notre satisfaction, nous voyons souvent le poète reparaître et rentrer dans la peinture. Il y a de charmantes strophes dans le *Vates :*

Le poète aux yeux clairs qui rit à la nature...
Il aime à voir penché sur des gerbes mûries
Le troupeau qui de loin se hâte aux bergeries,

Les grands bœufs tout émus du juron des fermiers,
Le vieux dogue attaqué par la poule couveuse,
Un pigeon sur le chaume, et la mine rêveuse
D'un coq ébouriffé qui gratte les fumiers.

Messeigneurs de la critique, où retrouvez-vous cette manière? Je suis bien marri de vous affirmer qu'elle n'existe à notre époque que dans quelques passages de *les Rayons et les Ombres :*

Un oiseau qui regarde une mouche dans l'herbe.
... Le champ doré par l'aube où causent les avoines,
Qui pour nous voir passer, ainsi qu'un peuple heureux,
Se penchent en tumulte au bord du chemin creux.

Ces trois vers sont de la plus exquise beauté. C'est du Virgile tout pur. Il y a là forme, couleur, mouvement et vie. Qu'on nous passe cette appréciation des vers de M. V. Hugo; elle n'est peut-être pas inutile à cette époque, où l'on n'a pas rougi de préférer en pleine académie les *Odes et Ballades* soit aux *Chants du Crépuscule*, soit au livre *des Rayons et des Ombres :*

Où peut-on avoir dit une telle infamie ?
Reprit Apollon en courroux ;
Est-ce chez les Hurons, chez les Topinamboux?
— C'est à Paris.— C'est donc à l'hôpital des fous ?
— Non, c'est au Louvre, en pleine Académie.
Nicolas Boileau.

Revenons à notre livre. Sous le rapport de la

pensée, la pièce, *A mon âme*, est bonne en ce sens qu'elle indique une transformation dans l'intelligence du poète : la transition du trouble et de la terreur au calme et à la tranquillité.

Quant aux *Esprits chantant sur la mer*, ceci est long, élevé de pensée, abstrait dans la forme, et parfaitement ennuyeux. Si notre poète n'en faisait pas d'autre, il courrait grand risque d'être mis au nombre des auteurs qu'on ne lit pas. Nous passons condamnation.

Cette seconde partie se termine par un des meilleurs morceaux du recueil. L'esprit du poète est là tout entier. C'est une mélancolie de souvenir, une richesse d'expressions, une pureté de coloris bien rares dans la poésie française. C'est, en un mot, l'émotion d'un enfant et le regard d'un homme. Ce qu'il y a de beau dans cette pièce, c'est qu'elle est toute d'une haleine. Nulle recherche, nulle fatigue, une émotion toujours soutenue, une peinture toujours riche et complète. — On jugera.

Troisième livre. — Celui-là est observateur et satirique. Soupirons bien fort de voir notre poète se fourvoyer ainsi dans une atmosphère qui n'est pas de son tempérament ; mais jugeons. La première satire est violente et pleine de bon sens ; elle touche d'aplomb. C'est un cri de conscience. — Dans les *croquis* qui font supposer des qualités de forme dramatique, il y a des choses excessivement originales. Après diverses peintures éminemment drolatiques, le poète arrive à ce charmant tableau, que nous citerons en entier :

Ce front blanc abrité par un voile de gaze,
Ces lèvres de corail et ce regard qui jase,
Ce cou dont la fraîcheur eût tenté Salomon,
C'est un ange aux yeux noirs qui revient du sermon.
Regardez bien frémir sa narine amoureuse,
Suivez le long des murs sa marche vaporeuse,
Avec ses dix-sept ans laissez-vous égarer,
Et sous un vieil auvent vous la verrez entrer.
Puis, indiscret mortel, vite, à la dérobée,
Collez bien vos regards à la vitre plombée,
Et vous verrez encor ce qu'on voyait hier,
Quelque brun ciseleur au teint pâle, à l'œil fier,
Qui réveille au foyer la flamme pétillante,
Et prend sur ses genoux là taille sémillante
De cette belle enfant aux petits pieds tout froids.
Dans un coin un bon lit qui n'est pas fait pour trois;
Quelques ouvrages d'art sur la vieille commode,
Trois fauteuils vermoulus qui sont passés de mode;
Un rouet, et Rousseau sur un rayon poudreux.
Voyez comme ici-bas les simples sont heureux!
Voyez quels cœurs divins chantent sous les masures!
Il n'est point là d'orgueil fatigué de blessures :
Un cœur, un appétit à faire envie aux rois,
Et l'espoir d'un bon lit qui n'est pas fait pour trois.

Ce dernier vers est ravissant. Nous ne savons rien de plus gracieux, rien de plus joli.

La satire à *maître l'Intimé* me semble mal conçue. Ce n'est point sur ce ton railleur qu'un poète devrait parler en son nom et au nom de la poésie. J'y désirerais plus de gravité. De toute manière, cependant, elle est vigoureuse et pressante.

Citons une bonne strophe :

Non plus le serviteur d'un juge de village,
Usant contre un chapon son docte persiflage,
Pleurant sur un caniche en sa toge apporté;
Non. C'est un avocat, un avocat en robe,
Qui n'a juste d'esprit que ce qu'il en dérobe,
Et tout Paris connaît sa haute probité.

Les deux vers de la fin me semblent aussi bien piquants :

Mais, avocat pointu, prenez garde au tonnerre,
Et n'éveillez pas ceux qui veulent bien dormir.

L'avocat pointu trouvera cette satire médiocre, et ce sera tant mieux pour lui ; car il a mérité cent fois pis.

Je ne saurais passer sous silence la pièce à Byron. Je suis trop de mon pays pour m'en taire ; d'ailleurs la pièce est mauvaise dans son ensemble, et je tiens à la chamailler. Je lui reprocherai tout d'abord de manquer d'unité et de lien. L'ordre partout, monsieur le poète ; vous savez cela, je suppose, vous qui tranchez du moraliste, et votre pièce manque d'ordre au premier chef. Le rhythme de vos premières strophes est des plus mal choisi. Les autres sont incohérentes et jetées là comme de hasard. Puis vous n'aimez guère, vous ne ménagez guère notre bonne et brumeuse Angleterre. Si vous avez raison, pourquoi le dire à propos de Child-Harold? Puisse l'acte loyal que j'entreprends en votre faveur vous ramener à des sentiments plus conformes à la justice, disons mieux, à la vérité. L'Angleterre a du bon. Heureux poète noyé dans les rayons du soleil, vous plaignez le grand peintre des tourmentes; mais ne savez-vous pas que la poésie n'est qu'une émotion sous une peinture, et que là où la peinture est terrible, l'émotion sera toute puissante?

Néanmoins, je ne puis m'empêcher de citer ces deux strophes que vous adressez à Lara:

. . . .

Va, tu ne comprends pas l'univers périssable,
Créature incomplète au front chargé d'ennuis,
Car tu n'as entendu dans les choses vivantes
Que le cri des rameurs sur les vagues mouvantes
Et l'orage éperdu qui pleure dans les nuits!

Aussi tu tomberas au vent de la bruyère,
Morne et le front penché sur l'angle d'une pierre,
Incessamment froissé par l'aile des corbeaux,
Mêlant ton dernier souffle au râle des marées,
Quand au lugubre aspect des châsses déterrées
Chante le fossoyeur en creusant des tombeaux!

Ceci, mon poète, me prouve que vous sentez la

poésie du Nord, que vous la comprenez. Et, comme dit Quinola, comprendre, c'est presque égaler.

Votre *Corbeau du Rhin* n'est qu'une rodomontade qui tout entière ne vaut pas le mot d'Alfred de Musset.

Venons au *Bonaparte*. Il était bien difficile de faire quelque chose de neuf sur ce sujet. Cependant notre poète l'a traité avec grandeur et poésie. Citons d'abord une strophe qui salue le retour :

Mais aujourd'hui, grand capitaine,
Désertant la roche lointaine,
Au sein d'une paix incertaine
Vous rentrez en triomphateur ;
Et, fiers de votre renommée,
Les tambours de la grande armée
Auprès d'une cour alarmée
Battent un rappel tentateur !

Je ne crois pas que dans cette strophe il y ait une syllable à déranger. Je la maintiens en même temps d'une force et d'une pureté irréprochables. Puis la gradation est excellente. Que peut-on trouver de mieux que le dernier vers, en fait d'harmonie imitative?

Le *battent un rappel tentateur* est un mouvement d'inspiration que je trouve réellement admirable.

Généralement, les petits vers sont ce qu'il y a de meilleur dans ce morceau. Citons encore :

Je t'aimais sur les pyramides
Parcourant de tes yeux humides
L'Égypte et ses chevaux numides
Frémissant sous leurs cavaliers :
J'aimais ton discours sans réplique,
J'aimais ta force métallique
Guidant la jeune république
Qui se battait sans boucliers !

J'adorais ta maigre figure,
Ton coup-d'œil d'immense envergure,
Ton grand front de puissant augure,
Blème sous tes cheveux épars ;
Cette allure d'aigle sauvage
Qui descendu sur le rivage
Porte la mort et le ravage
Au nid sanglant des léopards !

Ici l'inspiration est toute puissante; c'est de la poésie à toute volée. Citons encore ces quatre vers :

Alors il renia les grandeurs de ce monde,
Et, pleurant, éperdu sur son rocher malsain,
Pour la première fois à ce spectacle immonde
Il sentit le cancer qui le rongeait au sein !

Ceci est beau, surtout en rapport avec les peintures précédentes, qui montrent le géant tombé face à face avec les trahisons.

Il y a cependant, au milieu de ces belles choses, des strophes faibles, des phrases obscures, des mots impropres, et souvent aussi le manque d'une sage ordonnance. Jeune poète, vous ne voyez pas encore parfaitement clair en vous-même. Travaillez cette musique qui chante en votre âme, mettez l'ordre partout, régularisez vos efforts : de cette manière seulement vous parviendrez à l'instinct des grandes compositions.

Le volume se termine par une petite comédie qu'on doit regarder avant tout comme une œuvre de verve et de fantaisie. Quoiqu'elle s'appuie sur un dialogue de Lucien, il n'y faudrait point chercher une imitation de ce charmant philosophe. Lucien est un causeur élégant et gracieux qui voile sa profondeur, un Grec charmant tout plein de finesse et de causticité. Notre poète, au contraire, se laisse emporter à tous les vents de sa poésie, tantôt monte à la grandeur tragique, tantôt redescend à la bouffonnerie, s'arrête à l'élégie, touche en passant à la satire en conservant dans l'ensemble de l'œuvre une couleur naturelle et bouffonne qui fait un effet assez drôlatique dans un dialogue des morts. Il y a dans ce pêle-mêle une idée philosophiquement heureuse ; le mort cynique a raillé tout le monde : rois, médecins, apothicaires ; et cependant, malgré cris et colère, sa raillerie demeure impuissante entre un poète et une jeune fille : le sarcasme se tait devant l'amour. — Le Ménippe est d'une énergie sauvage dans les transports de sa colère ; la Parthénie est douce, candide et pure.

Citons ces vers de Ménippe, qui récrimine contre Orphée :

Non, il est de ces gens à cervelle bouffie
Qui regardent en tout leur personnalité ;
Qui vont chanter aux sots l'amour, la liberté
Pour gratter quelques sous dans la bourse des riches !
Par Pluton ! j'aime mieux mes lupins, mes pois chiches
Et le droit de gronder quand je le trouve bon !
Poète, va te mettre aux gages d'un barbon,
De tes vénalités je ne suis point avare.
Ta lyre est un morceau divin, superbe et rare,
Mais j'aime cent fois mieux le grelot d'un bouffon.

Ce à quoi le vieux Cratès ne manque pas de répondre :

Pour un discours de chien c'est un discours profond.

Cette bluette est pleine d'heureuses saillies, de verve comique et de naturel. Il y a là, ce nous semble, le germe de toutes les qualités dramatiques. Les bornes de cette brochure ne nous permettent point de pousser plus loin nos investigations critiques. Notre tâche serait facile si nous voulions épiloguer. Nous laissons ce labeur aux grammairiens, en avouant que nous aimons mieux disséquer l'esprit d'un poète que de passer son style au creuset.

Tout n'est point dit sur ce nouvel ouvrage et sur la pensée de son auteur. Nous avons sondé cette jeune intelligence jusque dans les recoins de l'hémistiche, et nous sommes sûrs de nous-mêmes en affirmant au public français que nous lui présentons un poète.— Ce qui nous plaît en lui, c'est que son fonds semble inépuisable; c'est que les trois quarts du temps il pèche par exubérance plutôt que par fatigue. Pour s'en convaincre, il suffit d'examiner la majeure partie de ses morceaux qui, terminés brusquement, coupés à court, pour ainsi dire, au milieu de l'inspiration, laissent voir évidemment que l'esprit du poète demandait un cadre plus élargi.

Puis, bonnes gens, ce qu'on trouve chez cet homme là, ce qui est si rare, c'est le souffle, c'est l'aimant, c'est la vie. Quel est le secret de la poésie? les poètes l'ignorent certainement comme nous; mais il n'en est pas moins vrai que les phrases de ces diables de gens ont l'air soudées entre elles par du feu, par un fluide magnétique, par une émotion vierge et continue qui va directement à l'âme des lecteurs. Encore une fois ce mystère est impénétrable; il faut en constater l'existence et non chercher à l'expliquer. Nous ne sommes point de ceux qui proclament la divinité du poète. Cela est souverainement ridicule et mérite d'être caricaturé, *coram populo*. Un poète est pour nous un homme expansif, violent dans ses passions intérieures, en même temps que doué d'une haute intelligence. C'est, en un mot, l'homme qui a de la tête et des entrailles, cœur de flamme et tête de fer. Hors de là point de poésie : un esprit abstrait, sec et dur, ou des passions brutales. Nous ne voyons, au reste, rien de bouffon comme un poète qui lui-même se ceint d'auréoles, surtout quand il a le nez rouge et les dents cariées.

Finissons donc cet article déjà trop long sans doute, en remettant sous les yeux du public français l'état de la question. Voici un poëte, et pas un Aristarque n'en soufflera mot. Tout dernièrement un ci-devant professeur, passé à l'état de critique dans la *Revue des Deux-Mondes*, s'écriait : — Qu'il en vienne un que nous disions : — *Deus ecce Deus*! Le poëte est venu, et le critique-philosophe se bouchera très-certainement les yeux et les oreilles. — Voilà ce qu'il nous est impossible de voir sans amertume et sans protestation.

Nous poursuivrons donc notre œuvre avec persévérance et courage. Qu'il apparaisse dans la jeune littérature un livre sérieux plein d'art et de poésie comme celui de M. Ponroy, et nous nous empresserons d'en rendre compte au public. C'est une bêtise de dire que la littérature française est en décadence par ses poëtes, ce serait une étrange folie que d'accepter l'incurie, l'indifférence, disons mieux, la déloyauté du journalisme.

Nous avons dit déloyauté, et nous maintenons ce mot. En effet, voici le procédé de la critique : elle s'écrie à tout venant dans ses feuilletons sur les livres morts-nés : Qu'il vienne un poëte sérieux, et nous le proclamerons à haute voix ! — Le poëte sérieux se saigne aux quatre veines, il arrive ; peu soucieux d'éloge il demande une critique qui puisse préparer son avenir; et rien ne lui répondra que le plus dédaigneux silence, que la plus coupable indifférence. Nous en appelons à toute âme honnête, est-ce de cette façon qu'on entend les intérêts d'une littérature? — Qu'opposer à ces raisonnements? Dira-t-on que le poète nouveau n'est pas sérieux? Cela est insoutenable : et chacun le sait comme nous. De tout cela qu'arrive-t-il? — En France la librairie est ruinée, le théâtre se débat en proie au vaudeville et au mélodrame, le roman tombe en lambeaux dans les gorges du feuilleton, le premier venu fait du journalisme et les poètes meurent à l'hôpital.

Voilà l'état de la question.

GEORGES DICKS.

Paris, 10 mai 1842.

www.ingramcontent.com/pod-product-compliance
Lightning Source LLC
LaVergne TN
LVHW010302230826
846091LV00007BB/2660
* 9 7 8 2 0 1 3 3 7 7 0 4 1 *